RAOUL GUÉRARD.

RÉFORMES

Prix : 50 Centimes.

ROUEN

IMPRIMERIE E. CAGNIARD,

Rues Jeanne-Darc, 88, et des Basnage, 5.

—

1871.

RÉFORMES !

L'auteur de ces quelques lignes présente au public une série de réflexions inspirées par les événements. D'autres voix plus autorisées que la sienne sauront approfondir et montrer quelles ont été les causes de nos désastres, sauront indiquer les réformes à opérer ; pour lui, il se contente d'effleurer ces graves questions, qu'il laisse le soin de traiter à fond aux hommes spéciaux.

La France est tombée bien bas ; il faut que chaque citoyen travaille à la relever et à lui rendre son ancien prestige et son ancienne gloire.

Persuadé que chacun doit contribuer à cette grande œuvre de la régénération de la France, l'auteur signale, pour sa part, quelques réformes qu'il croit bonnes.

****

Une comparaison curieuse pourrait être établie entre le siége de Paris et le siége de Jérusalem ; les mêmes causes ont amené les mêmes égarements, les mêmes résultats.

Jérusalem, assiégée par l'étranger, a vu couler, dans des luttes intestines, des flots de sang juif; de même Paris a vu, à toutes les horreurs de la guerre étrangère, se joindre les horreurs encore plus effrayantes de la guerre civile.

Quos vult perdere Jupiter
Dementat...

Il est certain que toutes les calamités qui sont venues fondre sur les grands Etats ont toujours été causées par cet esprit de suffisance, cette dépravation morale, cette désorganisation universelle qui, de même que chez les Grecs du Bas-Empire, depuis quelques années s'étalent triomphants en France.

Paris, capitale du monde entier, est par excellence le rendez-vous des célébrités de toutes sortes; si, malgré les tentatives criminelles de la Commune, nous avons encore le bonheur d'y posséder les monuments les plus beaux, les professeurs les plus éminents; si nous avons l'espoir d'y posséder encore les grands esprits de toute la terre, nous avons le malheur de fournir à la consommation sensuelle des débauchés de tous les pays.

Comment remédier à un tel état de choses ? Comment couper court à cet énervement qui s'empare des jeunes gens de notre époque, mal horrible qui menace toutes les générations futures, qui attaque la société entière dans sa base ?

En faisant, si c'est un mal qu'il nous faille absolument subir, que du moins le vice ne s'étale pas triomphant sur nos boulevards, qu'il ne nous coudoie pas au théâtre, qu'il ne trône pas dans toutes les réunions publiques, prôné par tous les furieux que la propriété irrite, à qui la famille déplaît, et qui veulent exiler Dieu du Ciel et le mariage de la terre.

Corrigeons nos mœurs !

Une des causes de notre dégénérescence, c'est cette passion du luxe qui nous dévore.

Le jeune homme n'est plus ce qu'il était autrefois, et les étudiants de Mürger n'existent plus. Disparues la chambrette traditionnelle au cinquième et les deux modestes chaises, et la commode qui contenait l'habit noir râpé servant à tout un clan d'artistes, de poëtes chevelus. Disparu le miroir ébréché toujours prêt à réfléchir le minois fripon de l'accorte grisette, qui, en ce temps-là, si elle n'avait pas de diamants, avait du cœur ; tout est disparu.

Aujourd'hui, quand vous entrez chez un jeune

homme, vous ne savez si vous êtes dans le boudoir d'une fausse princesse du quartier Bréda, ou dans la boutique d'un parfumeur. Rien n'y manque, ni la pince épilatoire, ni même la poudre de riz.

Les petits goûters aux environs de Paris, les promenades folâtres à Vincennes, sont remplacées par les orgies du Café-Anglais et les ruineuses cavalcades du bois de Boulogne.

Pendant le jour on s'affiche, et le soir on se ruine. On joue son argent, quand on en a, et celui de la famille, quand on n'en a pas. Voilà où mène l'abus du luxe, qui souvent dégénère en vice.

Cette soif de luxe, nos jeunes gens la poussent jusque dans ses plus honteux raffinements. La grisette est morte ; ils ont inventé la vente en détail de l'amour instantané ; c'est *la liberté de la boucherie* dans un autre genre, comme le dit Dumas fils.

Quand jeune homme on s'abaisse à de pareils plaisirs, homme on ne sait plus les répudier.

Mais, chose beaucoup plus grave, c'est surtout au bonheur conjugal que le luxe porte les plus rudes atteintes ; c'est presque toujours au luxe que nous sommes redevables d'un nouveau genre de mariage fort en honneur de notre temps, le mariage d'argent, qu'on décore quelquefois du nom pompeux de mariage de convenances.

La femme veut briller ; le mari ou n'ose pas lui résister, ou désire lui-même que sa femme, et par suite sa maison, aient un certain ton. Qu'advient-il alors ? C'est qu'un jour les ressources ne peuvent plus suffire aux dépenses. Le pli est pris ; il est trop tard. Les réformes nécessaires ne peuvent plus s'opérer ; la mésintelligence éclate dans le ménage, les enfants sont négligés, trop souvent sacrifiés, l'homme joue à la Bourse, et perd le peu qui lui reste de cervelle, d'honneur et d'argent.

Ou bien la femme n'osant avoir recours à son mari pour solder les dettes criardes de sa modiste et de son bijoutier, n'hésite pas, gâtée par le contact du grand monde à la morale facile qu'elle fréquente, à vendre l'honneur du nom de ses enfants pour subvenir à ses goûts désordonnés de luxe. Pauvre femme, qui ignore que la plus grande beauté et la richesse de son sexe consistent dans la simplicité !

Il serait injuste d'accuser seulement la femme ; le mari seul, quelquefois, doit être accusé ; c'est qu'il apporte dans le mariage ses goûts de jeune homme ; c'est qu'au déclin de sa vie, en prenant une jeune femme, il unit sa vieillesse, sinon physique, du moins morale, à la jeunesse et à toutes les fraîches illusions de celle qu'il épouse. Blasé sur tout, il reprend bien vite ses dispendieuses habitudes de garçon, ses maîtresses, ses orgies, et laissant à sa femme une modeste pension, il jette au gouffre des plaisirs toute sa fortune.

Dans la malheureuse guerre que nous venons de traverser, la jeunesse française, malgré cet abaissement presque général dont nous avons parlé, à montré parfois qu'elle était encore capable de grandes choses. Combien, en effet, ont abandonné toutes les douceurs d'une vie oisive, les habitudes de luxe qu'ils avaient contractées, pour aller combattre l'ennemi, affronter les intempéries d'une saison d'hiver, et..... mourir.

C'est donc qu'il y a et qu'il y aura toujours une chose pour sauver la jeunesse d'elle-même, de ses débordements : le patriotisme et la liberté.

Que le réveil de ces idées se fassent, et la France sera sauvée.

*
* *

On doit apporter dorénavant les plus grands soins à l'éducation, à l'instruction de la jeunesse, l'espoir de la France.

Ce qu'il faut, c'est une éducation plus mâle, plus lacédémonienne.

C'est surtout dans les lycées, de plus en plus fréquentés qu'il faut que ces réformes aient lieu. Qu'on rétablisse ce qui existait autrefois, la musique pour les promenades ; c'est un reflet de la vie militaire qui plaira à nos futurs vengeurs. Qu'on leur fasse faire l'exercice, ils l'apprendront presque en se jouant ; ce qui joint aux promenades, à la gymnastique, donnera au gouvernement sans aucuns frais, d'excellents éléments pour l'armée.

Que la pratique vienne toujours en aide à la théorie ! Que nos écoles militaires fassent faire des études spéciales encore plus sérieuses et que des examens particuliers à chaque grade soient établis ! C'est au manque de pratique et d'instruction militaire solide que nous sommes redevables de tous nos désastres dans la dernière guerre.

Une excellente chose, à notre avis, serait de condenser un peu plus les études ; l'enseignement secondaire pourrait être de beaucoup simplifié, et comprendre moins de matières. De nos jours, les jeunes gens apprennent un peu de tout, ils ont une teinture plus ou moins forte de tout, mais ils n'ont une connaissance approfondie d'aucune chose, ce qui fait que maintenant nous sommes surtout sous le règne des brillantes nullités.

Pour toutes les études spéciales, il nous faut des écoles professionnelles, beaucoup plus qu'il n'en existe aujourd'hui ; et il nous faut aussi plus d'écoles d'application.

L'accès des connaissances utiles doit être facilité aux pauvres comme aux riches.

Un mal à signaler, c'est cet abrutissement intellectuel et moral dans la classe ouvrière causé par la fréquentation continue des cafés, des cabarets, devrais-je dire !

Le cabaret sous l'empire a été une manœuvre électorale. Dans les villages, c'était au cabaret que s'achetaient pour deux ou trois verres d'eau-de-vie les votes des paysans.

Ils étaient bien intelligents ces votes portés en état d'ébriété !

L'abus des cafés est une des plaies de notre époque. La conséquence la plus directe de cet abus est l'abaissement, la dégradation des ouvriers, c'est là que leur intelligence s'obscurcit d'abord, se pervertit ensuite.

Le café est devenu pour les ouvriers des villes,

pour les paysans des campagnes, non plus un luxe qu'on se permettait le dimanche, mais un impérieux besoin de chaque jour.

C'est là que de pauvres malheureux gagnant à grand'peine les quelques sous qui doivent leur procurer du pain, vont boire au lieu de manger. C'est là que leur sont débités, avec l'autorisation de la loi — et des gouvernants qui y trouvent leur profit — d'i- gnobles liquides qui réduisent l'homme à l'état de brute et en font un facile instrument.

Et dire que le vote d'un homme sérieux, qui désire le bien de son pays, qui n'écoute que sa conscience et qui jouit de toutes ses facultés est annihilé par le vote que cet être inconscient vient en titubant déposer dans l'urne !

Un tel état de choses de doit pas durer :

Caveant Consules !

Ou apportez des modifications au suffrage universel, ou fermez les trois quarts de ces cabarets qui ne servent qu'à alimenter, à propager les mauvaises passions.

Moralisez les masses au lieu de les démoraliser. Donnez-leur l'enseignement gratuit, ouvrez-leur l'intelligence au lieu de la rabaisser comme on l'a fait jusqu'ici en permettant d'ouvrir tous ces débits de boissons, véritables sépulcres de tout ce qu'il y a d'ordre, d'économie, d'honnêteté chez les travailleurs.

Les assassins sont punis rigoureusement, que l'on punisse de même ces marchands d'atroces mélanges qui assassinent notre avenir, l'avenir de la patrie qu'il faut relever et grandir à tout prix.

***

Nous nous sommes faits de tout temps les gendarmes de l'Europe, comme si nous étions chargés de la police du monde.

Nous avons fait la chevaleresque guerre d'Amérique pour assurer l'indépendance des Etats-Unis ;

Nous avons fait la guerre de Morée pour défendre la Grèce contre la Turquie : nous secourons tour à tour la Belgique contre la Hollande, la Turquie contre les Russes, l'Italie contre les Autrichiens.

Quand l'Angleterre et l'Espagne se montraient satisfaites des promesses de Juarez, nous nous obstinions à envahir le Mexique, et voulions imposer un empereur de notre choix à un pays libre.

Où en sommes-nous maintenant ? Toutes ces nations pour lesquelles nous avons combattu avec tant de bravoure et tant de désintéressement, nous ont-elles secouru au moment du danger, au moment où elles

auraient dû nous payer leur dette de reconnais-
sance ?

Non !

Abandonnons ces vieux errements et que cette
cruelle leçon nous serve.

Désormais, pensons à nous seuls, suivant en cela
l'exemple de nos habiles voisins, les Anglais.

Que tout ce qui ne nous menacera pas personnelle-
ment dans notre honneur ou nos intérêts, nous voie
spectateurs sinon indifférents, du moins inactifs !

Italiens, Grecs, Américains, vous tous pour qui
nous avons sacrifié tant d'argent, tant d'hommes,
vous nous avez abandonnés à l'heure du péril, nous
ne nous ingérerons plus dans vos affaires ; videz seuls
vos querelles ! La France, abaissée par votre faute,
après avoir combattu si longtemps pour vous, ne pen-
sera plus qu'à elle, à sa régénération, à sa prospérité
qu'il lui faut rétablir.

La grande nation vaincue par sacrifice, laissera
dédaigneusement ses rivales se déchirer à leur tour.

*
* *

Une réforme radicale est absolument nécessaire
dans l'organisation de l'armée.

Nous ne nous étendrons pas sur cette grave question, qui va certainement être étudiée à fond par le Ministère de la Guerre, mais nous insistons : pour que cette réforme ne soit pas faite à demi, il faut un remaniement complet dans notre système militaire.

Deux modes de réorganisation se présentent : le système prussien avec quelques légères modifications et un autre système ne comprenant que l'armée active et la réserve.

Dans la première hypothèse, la mobile et la mobilisée pourraient être assujetties aux mêmes exercices que la landwher et la landsturn. La formation en France, en Algérie, de camps retranchés serait excellente pour instruire pendant cinq ou six semaines par an nos jeunes milices.

C'est le défaut d'exercices qui a rendu presque inutiles nos nombreux bataillons de mobiles ; c'est pour ne pas avoir été habitués à cette rude vie des camps que nous avons perdu encore plus de monde par la maladie que par le feu de l'ennemi.

La durée du service militaire, dans l'armée active, pourrait être diminuée de trois ans, mais alors chaque soldat, son temps fait dans l'active, tomberait pour trois ans dans la mobile.

Cette dernière mesure permettrait au Ministre de la Guerre, d'autoriser les mobiles à se marier ; si nous voyons dans nos villages tant de vieux garçons, cela tient très souvent au service militaire trop prolongé et au célibat qu'il impose.

Dans les campagnes on ne se marie pas riche, mais ordinairement on a une petite épargne, ou tout au moins une place sûre, rapportant assez pour subvenir aux frais que nécessite la vie à deux.

Les jeunes gens qui reviennent à vingt-sept ans du service n'ont aucune économie; ils ont même un peu coûté à leurs parents. Pour qu'ils puissent se marier, il leur faut trois ou quatre ans d'un rude labeur, qui les met à même de ne rien devoir à personne. Souvent à cette époque ou la crainte de la misère pour plus tard, ou le refroidissement des idées conjugales, font qu'ils ne se marient pas du tout.

Permettez aux militaires de se marier plus jeunes et vous aurez presque détruit le célibat, qui est une plaie pour les campagnes.

Il ne faut pas l'oublier, un pays doit toujours une grande partie de sa prospérité au mariage, qui apporte dans les familles l'*ordre*, l'*économie* et le *travail*.

La France a été décimée par la guerre et la maladie; le mariage par tous les moyens possibles doit être protégé, j'allais presque dire propagé.

Oui, je le répète, qu'on arme la France sur un pied formidable pour l'avenir ; il nous faut dans l'armée active 400,000 hommes d'excellentes troupes , assujetties à une discipline de fer, habituées à une obéissance complète, aux travaux les plus durs, astreintes à des exercices continuels, toujours prêtes à marcher, toujours prêtes à vaincre. Si vous parvenez à donner à l'armée la confiance en elle-même, la confiance en ses chefs, vous aurez des soldats invincibles.

Ayez encore 400,000 mobiles ou mobilisés, instruits seulement pendant une certaine époque de l'année. Ces mobiles ou mobilisés, ayant déjà quatre ans de service actif, vous compléterout une armée splendide, qui n'aura pas d'égale au monde.

Il vaut mieux faire de la France un vaste camp retranché que d'en faire un vaste cimetière.

La seconde hypothèse serait une conscription annuelle, sans remplacement possible : tous les jeunes gens valides seraient soldats sans exception ; le service actif durerait cinq ans, puis, ce temps fait, nos soldats formeraient une réserve astreinte pendant deux ou trois ans au service extraordinaire, c'est-à-dire à des exercices fréquents pendant la paix et à l'activité pendant la guerre.

Nous aurions ainsi une armée permanente formidable, bien exercée et capable de tenir tête à n'importe quelles troupes étrangères.

Mais ce système a un grave inconvénient, c'est qu'il enlèverait à tous les travaux la jeunesse, la sève de la France.

Ce mode de conscription serait plus juste, plus équitable, mais je crois, moins pratique que le précédent.

La France ruinée a besoin de commerce et de travail pour relever son crédit, et le commerce a besoin de la jeunesse pour prospérer.

*
* *

Ceci dit, qu'il nous soit permis d'entrer dans quelques considérations particulières.

La cavalerie a été beaucoup trop négligée depuis quelques années ; aussi faut-il attribuer au manque de cavalerie, cette série de surprises qui nous ont valu toutes nos défaites.

Ne l'oublions pas, grâce à sa mobilité, c'est la cavalerie qui est chargée d'éclairer le front et les flancs de l'armée, de couvrir ses derrières, d'assurer ses communications, de protéger ses convois et de faciliter ses approvisionnements, de surveiller les mouvements de l'ennemi, d'empêcher les surprises, d'intercepter les correspondances, de maintenir les blocus, de protéger les retraites, etc., etc.

Dans la campagne qui vient de se terminer, notre cavalerie a joué un rôle trop secondaire, parce qu'elle n'était pas assez nombreuse ; les Prussiens ont été éclairés d'une façon vraiment étonnante sur tous nos mouvements, par leurs dragons et leurs uhlans ; grâce à leurs cavaliers, ils nous ont surpris où et quand ils ont voulu.

Si la cavalerie n'est plus appelée comme autrefois à décider la victoire, par une de ces charges fameuses du premier empire, du moins, son rôle est aussi important ; il y a plus d'honneur à empêcher une armée d'être surprise et battue, qu'à enfoncer des bataillons déjà ébranlés.

Quand aux corps francs, ils ne peuvent être utiles que pendant la guerre ; alors ils rendent de très grands services en harcelant tantôt les flancs, tantôt les derrières, tantôt la tête de l'armée ennemie.

Mais pour que les francs-tireurs puissent rendre tous les services qu'ils sont capables de rendre, il faut qu'ils soient organisés autrement qu'ils l'ont été pendant la dernière guerre.

Il ne faut pas qu'un ministre de la guerre autorise M. un tel, à cause de son nom ou de sa position, à lever un corps franc.

Celui qui désire réunir autour de lui une centaine de braves pour faire la guerre d'embuscade, doit posséder plusieurs qualités indispensables ; il doit être parfaitement honorable et avoir des connaissances en l'art militaire, plus complètes que celles que nous avons pu apprécier dans la plupart de nos capitaines de francs-tireurs.

Je dis qu'il doit être honorable, parce qu'un capitaine est responsable de tout l'argent qui passe dans ses mains pour être donné à la compagnie, parce qu'il doit surveiller, contrôler les distributions de toutes sortes qui assurent le bien-être, la santé de cette compagnie.

Pour qu'un corps franc soit utile, il ne faut pas qu'il compte plus de cent à cent vingt hommes, parce que le jour où en essayant de surprendre l'ennemi, il est repoussé, il faut qu'il puisse battre promptement en retraite ; tout corps qui est plus nombreux ne pouvant dérober aussi facilement sa marche à l'ennemi, est forcé de faire tête et rentre dans la catégorie de l'armée régulière.

Pareil au moucheron qui attaque le lion, il doit disparaître aussitôt la blessure faite, et fuir les atteintes de son redoutable adversaire. Une chose indispensable, c'est qu'une compagnie de francs-tireurs ait la complète liberté de ses mouvements en pays ennemi eet ne soit pas astreinte pour tenter un coup hardi d'attendre l'autorisation, ou les ordres du colonel X.., commandant supérieur de la ville de Y...; comme si le dit M. X..., assoupi au fond de son cabinet, était capable de savoir quel est le moment opportun pour attaquer.

Nous le répétons, une liberté entière d'allures est nécessaire, indispensable à tout chef de corps franc.

—

Que M. le Ministre de la guerre sache bien que la France est fatiguée des généraux de salon, qu'elle entend qu'on fasse place au vrai mérite, et à lui seul ! Qu'une plus grande surveillance doit être exercée sur les États-Majors et principalement sur ces fameuses intendances de l'armée française qui nous ont fait tant de mal, qu'elles ont fait dire que nous serions bien vengés des Prussiens, si l'intendance française était chargée de leur subsistance pendant la période de l'occupation.

Je n'ajouterai qu'un mot, c'est que depuis long-temps, la guerre d'Afrique, si elle nous fait de bons soldats, perd complètement nos généraux. Que le courage soit récompensé, rien de mieux. Mais on peut être très courageux et très inhabile, bon général de brigade pour obéir, mauvais général en chef pour commander. Autre chose est faire un coup de main, apaiser une révolte d'Arabes mal armés, avec 15 ou 20,000 hommes, et livrer une grande bataille où 200,000 soldats sont engagés. On n'a pas fait assez la différence, et nous avons vu tous nos brillants généraux d'Afrique obtenir de grands commandements.

En Afrique, il faut qu'une insurrection soit *promptement* étouffée ; dans la période de guerres européennes dans laquelle nous entrons, il faut au contraire le talent de Fabius Cunctator : la temporisation.

Pas de coups de tête, pas de bravoure téméraire ; la vie de centaines de mille hommes, l'existence entière d'un pays, dépend de la prudence du général en chef.

Vit-on jamais ineptie pareille à cette organisation de l'armée française sur les bords du Rhin en sept corps d'armée, disposés de telle sorte qu'ils ne pouvaient mutuellement se porter secours. Mac-Mahon fut un héros, mais il fut vaincu.

Comme le grand Napoléon a dû pester là haut contre son pâle successeur !

Vous vous souvenez du mot fameux : « Je suis prêt, je n'ai pas même un bouton de guêtre à ajouter. » Et nous n'avions que 250,000 hommes, dispersés sur une immense étendue de pays, divisés en sept corps d'armée, à opposer à cette avalanche d'un million d'hommes qui est venue nous engloutir.

Nous autres Français, nous avons la déplorable manie de trop discourir, et cette manie tend à se propager chez nos généraux.

Le *Veni, vidi, vici* de César est bien loin et ne peut guère être comparé à la faconde de nos chefs de corps, c'est que nons sommes loin de l'époque où quand un jeune homme entrait dans la salle de conseil, le plus vieux des assistants disait en lui montrant la porte : « Rien de ce qui se dit ici, ne sort par là. »

Désormais moins de paroles, plus d'action !

Réformes dans toutes les administrations ! Là surtout une surveillance active est nécessaire.

Qu'on ne voie plus de scandaleux cumul, plus de ces traitements fabuleux accordés à un seul et même homme, souvent incapable !

Place au mérite réel et que le gouvernement montre l'exemple de la simplicité et de la sagesse, tous les Français mettront leur plus grande gloire à suivre un pareil exemple.

Qu'il n'y ait plus ces retards dans les ministères ! Qu'on ne voie plus d'obstacles apportés aux justes réclamations des citoyens ; qu'on ne voie plus de pétitions dormant des années entières au fond des cartons ministériels.

Ne confions qu'à des hommes capables, ayant fait leurs preuves, le soin de nous représenter auprès des puissances étrangères. L'expérience a prouvé combien de tact, combien de prudence, quelle laborieuse activité, doivent être apportées au maintien de nos intérêts et de notre honneur dans les cours étrangères.

Soyons au courant de toutes les inventions, et accordons aux inventeurs une protection plus efficace que celle qu'ils ont trouvée jusqu'ici.

Toute proposition doit être sérieusenfent étudiée.

Nos officiers s'étaient fait illusion sur la valeur des canons Krupp, ils en croyaient l'usage moins pratique que celui de nos canons rayés ; et cependant nous avons appris à nos dépens à connaître la portée de ces canons.

Favorisons surtout le commerce et l'agriculture qui ont si cruellement souffert pendant la guerre, et qui sont les seules sources de la richesse de la France.

L'agriculture constitue le plus grand travail de la population de la France : elle occupe plus de vingt millions d'habitants sur trente-huit millions, et rapporte plus de cinq milliards par an. Mieux comprise, elle peut en rapporter dix.

Malheureusement le morcellement exagéré de la

propriété foncière et la difficulté qu'éprouve le culti-
vateur pour se procurer les capitaux indispensables
aux améliorations les plus rationnelles, sont, pour
ne pas parler de l'aveugle esprit de routine, de grands
obstacles au développement de l'agriculture en France.

Qu'un gouvernement éclairé accorde à une indus-
trie qui intéresse au plus haut point la prospérité pu-
blique tous les encouragements nécessaires.

Résumons-nous en quelques mots :

Au dehors : une politique sage, prudente, expec-
tante, mais ferme sans orgueil.

Au dedans : instruction obligatoire, moralisation
des populations; protection éclairée, efficace, accordée
à tout ce qui peut nous relever, au commerce, à
l'agriculture, à toutes les industries utiles.

Un gouvernement paternel, très-libéral, nous don-
nant juste assez de liberté pour que cela n'aille pas
jusqu'à la licence, mais ferme, très-ferme.

En un mot, réformes partout !

Attaquons, détruisons le mal dans toutes ses ra-
cines pour arriver à la régénération de notre chère
patrie.

RAOUL GUÉRARD.